W9-BJQ-181

Adivina

Publicado en Estados Unidos por
Cherry Lake Publishing
Ann Arbor, Michigan
www.cherrylakepublishing.com

Asesora de contenidos: Susan Heinrichs Gray
Asesora de lectura: Marla Conn, ReadAbility, Inc.
Diseño de libro: Felicia Macheske

Créditos fotográficos: © Anan Kaewkhammul / Shutterstock.com, tapa; © Darrenp/v, 1; © Eric Isselée / Shutterstock.com, 3, 11, 21, contratapa; Florence McGinn / Shutterstock.com, 4; © gracious_tiger / Shutterstock.com, 7; © Andrew Burgess / Shutterstock.com, 8; © Eric Gevaert / Shutterstock.com, 12; © Richard J Ashcroft / Shutterstock.com, 15; © Can Stock Photo Inc. / anankkml, 17; © Kitch Bain / Shutterstock.com, 18; © Andrey_Kuzmin / Shutterstock.com, contratapa

Copyright © 2017 by Cherry Lake Publishing
Todos los derechos reservados. Ninguna porción de este libro se puede reproducir ni utilizar de modo alguno ni en ningún medio sin autorización por escrito de la editorial.

Catalogación en publicación de la Biblioteca del Congreso en el archivo de datos
Names: Calhoun, Kelly, author.
Title: Saltarines de alta velocidad (high-speed hoppers) : canguro (kangaroo)
    / Kelly Calhoun.
Other titles: High-speed hoppers. Spanish | Canguro
Description: Ann Arbor, Michigan : Cherry Lake Publishing, [2016] | Series:
    Adivina | Audience: Pre-school, excluding K. | Includes bibliographical
    references and index.
Identifiers: LCCN 2016008898| ISBN 9781634714495 (hardcover) | ISBN
    9781634714655 (pbk.) | ISBN 9781634714570 (pdf) | ISBN 9781634714730
    (ebook)
Subjects: LCSH: Kangaroos--Juvenile literature. | Children's questions and
    answers.
Classification: LCC QL737.M35 C3518 2016 | DDC 599.2/22--dc23
LC record available at https://lccn.loc.gov/2016008898

Cherry Lake Publishing agradece el trabajo de The Partnership for 21st Century Learning.
Visite www.p21.org para obtener más información.

Impreso en Estados Unidos
Corporate Graphics Inc.

Traducción por Lachina

Tabla de contenido

Pistas...................... 4-21

Acerca de..................... 22

Glosario 23

Índice 24

Soy bueno viendo cosas que se mueven.

Me gusta descansar a la sombra.

ZZZZZZZZZ

8

Mi cuerpo está cubierto de una piel gruesa.

Tengo una cola fuerte que uso para mantener el equilibrio.

Tengo orejas largas que puedo mover.

Tengo un buen sentido del olfato.

Tengo patas fuertes.

¡Me encanta brincar!

¡Toing!

Cuando era bebé, vivía en un marsupio.

¿Sabes qué soy?

¡Soy un canguro!

Sobre los canguros

1. Un grupo de canguros es una turba.

2. Los canguros comen solamente plantas.

3. Un bebé canguro es una cría.

4. Los canguros usan sus fuertes colas para mantener el equilibrio.

5. Los canguros pueden brincar solo hacia adelante, no hacia atrás.

Glosario

equilibrio estabilidad

marsupio un bolso en el cuerpo de algunas madres animales para llevar a sus pequeños

sentido capacidad que usan los seres vivos para aprender sobre su entorno

Índice

bebés, 19, 22
brincar, 16, 22

cola, 10
cuerpo, 9

descansar, 6

equilibrio, 10, 22

marsupio, 19

olfato, 14
orejas, 13

patas, 16
piel, 9
plantas, 22

sentido, 14
sombra, 6

turba, 22

ver, 5